Frutas

Todolivro

Todolivro

Rodovia Jorge Lacerda, 5086 - Poço Grande
Gaspar - SC | CEP 89115-100

Ilustração:
Shutterstock

Revisão:
Tamara B. G. Altenburg

IMPRESSO NA CHINA
www.todolivro.com.br

Dados Internacionais de Catalogação na Publicação (CIP)
(Câmara Brasileira do Livro, SP, Brasil)

Frutas: Dominó - 4 anos / Todolivro; [Ilustração: Shutterstock].
Gaspar, SC: Todolivro Editora, 2023.
(Todolivro Play; 24)

ISBN 978-65-5617-926-1

1. Jogos educativos - Atividades 2. Literatura infantojuvenil
I. Todolivro. II. Shutterstock. III. Série.

23-146646 CDD-028.5

Índices para catálogo sistemático:

1. Jogos educativos: Literatura infantil 028.5
2. Jogos educativos: Literatura infantojuvenil 028.5

Eliane de Freitas Leite - Bibliotecária - CRB 8/8415

Instruções do jogo: de 2 a 4 jogadores

Dominó de Números

Use apenas uma das versões em cada partida.

DUO-DOMINÓ

Dominó de Frutas

1. Os jogadores devem ficar posicionados de forma oposta um do outro.

2. As peças devem ser colocadas em uma caixa (ou em um pote) que não seja transparente. Em seguida, deve-se chacoalhá-la bem, para embaralhar as peças.

3. Sem olhar, cada jogador retira sete peças, tomando o cuidado de não revelá-las aos adversários até o término da partida. As peças que sobrarem na caixa saem do jogo.

4. A partida deve começar pela peça duplo 6 ou duplo abacaxi. Sendo assim, o portador dela inicia a rodada, colocando-a no centro de uma mesa. Caso nenhum jogador tenha tal peça, a partida pode iniciar por escolha dos jogadores.

ou

5. Em cada rodada, um jogador por vez joga uma nova peça. As peças devem ser colocadas sempre em uma das extremidades do jogo que está sobre a mesa.

6. Observe **A** e **B** e jogue suas peças. Caso o jogador não tenha a peça correta, ele deve passar a vez.

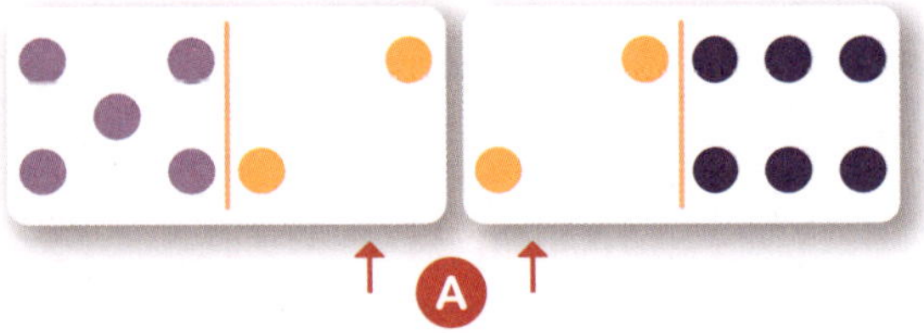

Somente as pontas com o mesmo valor podem se encaixar.

Peças com números ou frutas iguais nas duas pontas devem ser colocadas na perpendicular.

VENCE QUEM FICAR SEM PEÇAS OU COM A MENOR QUANTIDADE DELAS.

Cuidados com as peças:

- Guardá-las dentro do box em local seco e arejado.
- Não expor à alta temperatura.
- Não molhar, dobrar, perfurar, colar ou riscar.
- Evitar atrito excessivo nas bordas para não danificar as camadas do cartão.
- Para limpar, use um pano seco ou levemente úmido apenas nas superfícies.

VITAMINAS E SAIS MINERAIS

SÃO NUTRIENTES QUE PRECISAMOS EM PEQUENAS QUANTIDADES. ELES NOS AJUDAM A SERMOS MAIS SAUDÁVEIS, A REALIZAR AS FUNÇÕES VITAIS E, PORTANTO, FAZER NOSSO CORPO FUNCIONAR BEM. AS FRUTAS E OS LEGUMES SÃO OS ALIMENTOS QUE CONTÊM MAIS VITAMINAS. O CONSUMO DE FRUTAS GARANTE A OBTENÇÃO DE VITAMINAS, MINERAIS, COMPOSTOS BIOATIVOS E FIBRAS.

VOCÊ SABIA?

É MUITO IMPORTANTE CONSUMIR FRUTAS PELO MENOS 5 VEZES AO DIA PARA SE TER UMA ALIMENTAÇÃO COMPLETA.

VITAMINA A: PROTEGE A SAÚDE DOS OLHOS E POTENCIALIZA O DESENVOLVIMENTO INFANTIL.

VITAMINAS DO COMPLEXO B: EXERCEM VÁRIAS FUNÇÕES NO ORGANISMO, COMO A PRODUÇÃO DE ENERGIA, A PREVENÇÃO DE ANEMIA, A MANUTENÇÃO DA SAÚDE DO SISTEMA NERVOSO, DA PELE, DOS CABELOS E DO INTESTINO.

VITAMINA C: ESSE NUTRIENTE É ESSENCIAL PARA O BOM DESENVOLVIMENTO DO ORGANISMO, POIS AJUDA NA FORMAÇÃO DOS OSSOS E DOS DENTES, ALÉM DE ATUAR NA PRODUÇÃO DE COLÁGENO E NA FORMAÇÃO DE TECIDOS, COMO PELE, TENDÕES, MUCOSAS, CARTILAGENS E VASOS SANGUÍNEOS. SENDO ASSIM, É ESSENCIAL PARA O CRESCIMENTO INFANTIL. TAMBÉM É IMPORTANTE PARA EVITAR A ANEMIA.

DENTRE OS PRINCIPAIS MINERAIS QUE ENCONTRAMOS NOS ALIMENTOS ESTÃO:

FERRO: AJUDA A FORMAR O SANGUE.

CÁLCIO: ATUA NA FORMAÇÃO DOS DENTES E OSSOS.

FÓSFORO: ATUA NO CÉREBRO E NOS MÚSCULOS.

SÓDIO: AJUDA A REGULAR OS FLUÍDOS E MANTER O CORPO HIDRATADO.

POTÁSSIO: RESPONSÁVEL PELO BOM DESEMPENHO DOS MÚSCULOS, PELA SAÚDE DO SISTEMA VASCULAR E PELO FORTALECIMENTO DOS OSSOS.

MAÇÃ

A MAÇÃ É UMA FRUTA SUCULENTA. É RICA EM VITAMINAS "E, A" E "C". FORTALECE OS OSSOS E AJUDA A PREVENIR PROBLEMAS RESPIRATÓRIOS.

A MAÇÃ NASCE DA ÁRVORE CHAMADA MACIEIRA.

AGORA É COM VOCÊ!
VIRE A PEÇA "DUPLO MAÇÃ" E FALE EM VOZ ALTA O NÚMERO CORRESPONDENTE.

ABACAXI

O ABACAXI É UMA FRUTA GRANDE, COM PELE GROSSA E CARNE AMARELA, RICA EM VITAMINAS "A, B" E "C", ALÉM DE NUTRIENTES COMO POTÁSSIO, MANGANÊS E CÁLCIO.

O ABACAXI NASCE DA PLANTA CHAMADA ABACAXIZEIRO.

AGORA É COM VOCÊ!
VIRE A PEÇA
"DUPLO ABACAXI"
E FALE EM VOZ ALTA
O NÚMERO CORRESPONDENTE.

UVA

AS UVAS CRESCEM EM CACHOS E SÃO RICAS EM VITAMINAS "A, B, C" E "K", ALÉM DE MINERAIS COMO CÁLCIO, FÓSFORO, FERRO, POTÁSSIO E ZINCO.

A UVA NASCE DA PLANTA DE ESCALADA (TREPADEIRA) CHAMADA VIDEIRA.

AGORA É COM VOCÊ!
VIRE A PEÇA "DUPLO UVA"
E FALE EM VOZ ALTA
O NÚMERO CORRESPONDENTE.

LARANJA

É UMA FRUTA REDONDA, RICA EM FIBRAS E VITAMINA "C".
AJUDA NA DIGESTÃO E A COMBATER GRIPES E RESFRIADOS.

A LARANJA NASCE DA ÁRVORE CHAMADA LARANJEIRA.

AGORA É COM VOCÊ!
VIRE A PEÇA "DUPLO LARANJA"
E FALE EM VOZ ALTA
O NÚMERO CORRESPONDENTE.

MELANCIA

A MELANCIA É UMA FRUTA GRANDE, SUCULENTA E MUITO HIDRATANTE. É RICA EM VITAMINAS "A, B" E "C", ALÉM DE SAIS MINERAIS COMO CÁLCIO, FÓSFORO E FERRO.

A MELANCIA NASCE DA PLANTA CHAMADA MELANCIEIRA.

AGORA É COM VOCÊ!
VIRE A PEÇA “DUPLO MELANCIA” E FALE EM VOZ ALTA O NÚMERO CORRESPONDENTE.

BANANA

A BANANA CRESCE EM GRUPOS (CACHOS). É VERDE E FICA AMARELA QUANDO MADURA. ELA É RICA EM VITAMINAS “A, B6, C” E EM POTÁSSIO. ALÉM DISSO, É FONTE DE ENERGIA, AJUDA A DIMINUIR CÂIMBRAS E REGULA O INTESTINO.

A BANANA NASCE DA PLANTA CHAMADA BANANEIRA.

AGORA É COM VOCÊ!
VIRE A PEÇA "DUPLO BANANA"
E FALE EM VOZ ALTA
O NÚMERO CORRESPONDENTE.

MORANGO

O MORANGO É UMA FRUTA VERMELHA COM SEMENTES PEQUENAS NA SUA SUPERFÍCIE. É MUITO SUCULENTO E SABOROSO! É RICO EM VITAMINA "C" E POTÁSSIO, OS QUAIS AJUDAM A MELHORAR A CAPACIDADE COGNITIVA.

O MORANGO NASCE DA PLANTA CHAMADA MORANGUEIRO.

AGORA É COM VOCÊ!
VIRE A PEÇA "DUPLO MORANGO"
E FALE EM VOZ ALTA
O NÚMERO CORRESPONDENTE.

MAMÃO

O MAMÃO É CULTIVADO O ANO TODO. A CARNE É BRANCA QUANDO ESTÁ CRUA E LARANJA QUANDO MADURA. RICO EM VITAMINAS "A" E "C", MELHORA A DIGESTÃO E FORTALECE O SISTEMA DE DEFESA DO CORPO.

O MAMÃO NASCE DA ÁRVORE CHAMADA MAMOEIRO.

AGORA É COM VOCÊ!
VIRE A PEÇA "DUPLO MAMÃO"
E FALE EM VOZ ALTA
O NÚMERO CORRESPONDENTE.

TANGERINA

A TANGERINA É UMA FRUTA CÍTRICA DE COR ALARANJADA
E SABOR ADOCICADO. ELA É RICA EM VITAMINA "C".

A TANGERINA NASCE DA ÁRVORE CHAMADA TANGERINEIRA.

AGORA É COM VOCÊ!
VIRE A PEÇA "DUPLO TANGERINA"
E FALE EM VOZ ALTA
O NÚMERO CORRESPONDENTE.

VAMOS MISTURAR ALGUMAS FRUTAS
E DESCOBRIR NOVOS SABORES!